Francisco Morales Lomas
PÁJAROS BLANCOS

Francisco Morales Lomas

Pájaros blancos

Colección
TANIA Poesía

Primera edición: noviembre 2025

ISBN: 979-13-990787-3-2
Depósito Legal: MA 2070-2025

Impresión y encuadernación: Podiprint

Directora de la colección: Isabel Romero

© Francisco Morales Loma, 2025
© Editorial Anáfora, 2025

Diseño y maquetación: Editorial Anáfora
Fotografía de portada:

Edita: Editorial Anáfora
www.editorialanafora.com
info@editorialanafora.com

Para Olivia, César y Gala.

BREVERÍA

Tomamos el título del poema *The White Birds* del dramaturgo y poeta irlandés William Butler Yeats, premio Nobel de literatura en 1923, y perteneciente a su libro *La rosa* (1893)[1].

I would that we were, my beloved, white birds on the foam of the sea!
We tire of the flame of the meteor, before it can fade and flee;
And the flame of the blue star of twilight, hung low on the rim of the sky,
Has awaked in our hearts, my beloved, a sadness that may not die.

A weariness comes from those dreamers, dew-dabbled, the lily and rose;
Ah, dream not of them, my beloved, the flame of the meteor that goes,
Or the flame of the blue star that lingers hung low in the fall of the dew:
For I would we were changed to white birds on the wandering
foam: I and you!

I am haunted by numberless islands, and many a Danaan
shore,
Where Time would surely forget us, and Sorrow come near us
no more;
Soon far from the rose and the lily and fret of the flames
would we be,
Were we only white birds, my beloved, buoyed out on the
foam of the sea!

---

[1] Yeats, William Butler (2010). *Poesía reunida*. Ed. Pre-Textos, p. 159.

En 2018, durante un viaje por Irlanda, fue inevitable el contacto con los grandes maestros irlandeses a los que he seguido a lo largo de mi vida: James Joyce, cuya casa visité en Dublín, Oscar Wilde, cerca del Trinity College, el dramaturgo y poeta Yeats, los premios Nobeles Bernard Shaw y Seamus Heaney y, por supuesto, mi maestro en la dramaturgia y constante referente Samuel Beckett.

A lo largo de aquellos días, en los que la lluvia era tenaz (recuerdo que se dice en Irlanda que dos días seguidos sin lluvia es sequía) las lecturas de Yeats fueron constantes y aquel espíritu acuoso, melancólico y siempre sereno se hallaba presente. Llegaban las lecturas desde los lugares emblemáticos donde siempre vivió con una presencia constante del mar, la luz cenital y la lluvia como premonición de un simbolismo que brillaba con fortaleza. Un mundo plagado de una intelectual belleza y de elementales espíritus no ajenos al idealismo de Blake, Shelley... Un lenguaje siempre de imágenes imprecisas y misterioso donde la alegoría husmeaba sigilosa los derroteros del mundo, los paisajes celtas y el agua siempre presente y premonitoria cercana a una mitología que en la emoción crecía y se perfeccionaba: "All sounds, all colours, all forms, either because of their preordained energies or because of long association, evoke indefinable and yet precise emotions". Su lírica recorría un vitalismo emanantista donde la naturaleza comparte la memoria de la humanidad y se une al hombre para expresar estados de ánimo.

Al rememorarlo pude encontrar el poema que indico donde los pájaros blancos expresan el deseo de abandono de lo terrenal y las penalidades que conllevan y el ascenso hacia un plano más etéreo y libérrimo. Al mismo tiempo que nos permiten consumirnos en la idealización de un presente y un pasado, tanto como en una aspiración imposible, que siempre es el paradigma de cualquier poeta. Si en la tierra la aspiración a una unión simbólica de amor, en una línea neoplatónica, es mera entelequia, sí sería posible en el plano simbólico del vuelo y el mar, una constante también desde mi nacimiento, que pudo ser en Moraira (Alicante) donde viví mis primeros años, aunque fue en Campillo de Arenas (Jaén), si bien tres cuartos de mi vida los he vivido cerca del mar.

Me gustaría que fuéramos mis amados pájaros blancos en la espuma del mar. Es el camino que quiero emprender con todos ustedes en este poemario.

I would that we were, my beloved, white birds on the foam of the sea!
W. B. YEATS

.

PRELUDIO

Mírame diminuto sobre esta blanca página,
sobre esta blanca ausencia tendida en mi memoria.
EMILIO PRADOS.

La imagen blanca

Os quiero dejar esta imagen blanca
de la esperanza, el mar en calma
y en sosiego.

La bondad de este sol que nos ilumina
y el soplo leve del viento
en su goce.

Es un día cualquiera en esta eterna
floración que es la vida,
con sus días turbios
de tormenta y lluvia,
con su soledad y desapego.

Pero es nuestra, y única.
De nadie más.

Contémplala con los ojos despiertos
y déjate llevar por el cielo en reposo,
por la singladura de los astros
que tanto nos conmueve.

Todo es tan simple como este sueño
que al vapor nos conduce
por una vida nuestra, y de nadie más.

Luz que no nace para la muerte, luz
que no amaina nunca y destruye su tránsito,
singular y olorosa como el viento,
esplendente y flamante como esa flor
que brota ahora nueva.

Luz inmensa si tú la acoges, la abrazas
y la cuidas como si fuera tu última exhalación.

Habrá días que estés afanado y turbio,
habrá días sin la luz generosa que nos rinde.
Y como un pájaro blanco zozobrarás
preso del viento.
Pero tu verdad humana está ahí presente,
la verdad del instante,
la verdad de ser tú, sintiendo la ebriedad
de este claro sueño,
ajeno al dolor denso del hombre,
a su oscuridad, a su estremecimiento.

UN PÁJARO BLANCO CRUZA LA NOCHE

Hacia la claridad de este instante

> *Dios inventó esta fiesta*
> *para darnos la dimensión exacta*
> *de su silencio.*
> Rafael Guillén.

I

¡Qué silencio llena este instante!

Te he buscado tantas veces
en el clamor de las palabras.

Pero no te hallé.

Tantas veces en el curso del río,
cuando adolescente,
el momento en que la vida podía
tener el consuelo de una promesa.

Te buscaba en la fronda del bosque,
entre los sauces, entre los pinares
más lejanos, donde dicen que el alma
está en vuelo, con sus trabajos,
con su distancia no resuelta.

Te busqué entre las piedras,
en los corredores de las montañas,
en la flor que con su polen conduce
a la vida, ligera melodía.

Me habían dicho que estabas allí,
que solo bastaba mirar
vehementemente el claror
del vuelo, su cadencia.

Pero no te hallé.

Necesitaba la eternidad
del encuentro, su confesión
de barro, el aroma que nombra.

Pero nunca estabas allí.

No había nadie, solo silencio
de cauce seco, en la noche oscura.

II

Cómo tan duro tu oído, Señor.
Cómo tan ciegos mis marchitos ojos.
Cómo ríos y viñedos
y cuevas de leones,
y yo sin saber dónde.

Cómo los abismos y el ventalle,
las palomas blancas y el ciervo
vulnerado, cómo, Señor,
tanta ausencia arrinconada.

El triunfo de tu inefable angustia.
El lenguaje de signos de los ciegos.
La fragilidad de todo lo erigido.
Ante los pies de los caballos roto.
Esta muerte que no se escapa nunca.
Este dolor de niño que en su llanto
busca la oscuridad de la tarde.

¿No tienes nunca la necesidad
de ser?¿De contemplar el cielo fosco
cuando ahora miro desconsolado?

Dónde la noche sosegada,
dónde la música en vuelo, la música
en soledad sonora.

Dónde el deleite de ser,
el silbo vulnerado.

Así como el zumbo del aire
entra en el oído, mi corazón
se agita en el esplendor de la carne
y enaltece tu nombre y lo proclama.

III

Cuando fui niño, te vi con frecuencia
en el canto del agua,
en el silbo del viento,
en el rugido de la tempestad.

Tu voz irradiaba en el mundo,
como alas desplegaban la partida,
acariciar la fronda que el viento
mimaba, y sentir que todo
blandía la bondad de lo creado.
La seguridad de ser nacimiento,
luz que busca la parábola dulce
en el cauce que canta.

Te veía en la flor que nace nueva,
en el agua que bufa.

Sentí que el mundo me perteneció
un día, y el horizonte vibraba.
Oía tu voz en el canto del mirlo,
oía tu voz plañir en el viento,
en las enramadas con el grillo
y la suave aurora por los acantilados.
Podría haber sido el primer
día de la creación.
Y yo estaba allí presente
como un cándido hombre
en su nuevo mundo recién creado.

Después llegaron los funestos días,
la hora de los que no llegan nunca
a la fiesta cuando perdura el ritmo.
Y la confusión y el silencio
volvió con su cadencia rota,
con su voz omisa, con su destierro.
Mi mano se plegó sobre la duda,
mi mano se agitó sobre el hombre
y el mundo, su parábola de viento
que en la noche tenebrosa desmembraba.

Había tanto miedo en los ojos.
La marejada humana
en el alcor sombrío,
como en la conciencia del huido,
como en la mortaja el misterio.

Tú, también huido y ausente,
tú sin brazos, huido del tiempo
y su incertidumbre.
Yo tratando de germinar los surcos
para llevar algo a la boca.
Darle la dignidad a la palabra
en medio de esta fiesta del hombre
que crea, que se cree
dueño de sí, que necesita serlo.

Quizá envuelto en los reproches,
débil en la pendiente de la llama.
Como un ciego, ajeno a la belleza.

Y llegué al horizonte
y solo he traído dos
ojos para ver el rumbo del mundo,
el desconcierto infame del dolor,
con fermento, en la angostura del ser,
como una guitarra sin cuerdas,
hombre abajo en el volcán de la vida.

La dimensión exacta del silencio
que llena este instante.

La incontinencia del vacío

> *¡Eternidad silente, luz dormida*
> *sobre el ruido del daño y de la fiesta*
> *que es la prisa del hombre y que es la vida!*
> Rafael Guillén.

I

Cada mañana la incontinencia del vacío.

Por un lado ascuas, por otro cenizas.

Y siempre nuevo el asombro.
Un día sin fin ganado y perdido.
Con los reclamos del agua en la cara
y los pies inventando la senda diaria.

Los barcos, las sirenas, los puertos
presentan sus señas de identidad,
perdiéndose, alejándose en su sueño.

Aprendiendo de nuevo la idea,
siendo conscientes de su envés,
de la utilidad de lo inútil.

Tratando de llenar los espacios vacíos.
En lo particular, lo singular y lo universal.
En el ontológico vacío del Otro.

Mientras las plazas se llenan de sol
y niños que juegan en los parques,
y me pregunto si en mitad de esta luz
el llanto no construirá su arquitectura
de nuevo junto al mar.

II

He llegado aquí donde la luz
se amontona con la nada
para saber, para saber si es posible
saber, para creer que el vacío
es el Otro, esos muertos ordenados
en el rebalaje.
Para conocer la altura del silencio.
Su incontinencia, su vacío.

Everness

Solo una cosa no hay. Es el olvido.
Jorge Luis Borges.

Todo ya sin olvido.
En el rostro de los días,
en el solitario esplendor
de los enigmas.
En el barro bendecido
de la mañana, buscando
su eternidad de espejo.

Más allá de la pompa y el boato,
más tarde que muere el frío.

Navegando los mares del mundo
con sus enciclopedias
y sus vuelos de hombres inciertos,
con sus escamas de peces,
y la memoria de un ángel caído.

Con la sensación de haber
cometido actos irrevocables,
con la niebla y la tiniebla,
con el abismo como sueño y vigilia.

En el laberinto de los efectos y las causas,
ofreciendo música al tiempo,
a su espejo, a su misterio.

Ni siquiera un jinete
para cabalgar atrios o hazañas
o memorias.
Ni siquiera cargado de batallas,
aquí, contemplando la aurora
o el fracaso, espectador
que dejara de soñar.

Ese vértigo de vida

Todo es hoy.

En vuestros ojos súbita
crece la ciudad como una ofrenda,
el significado de la gloria antigua,
su belleza que verdea entre el vuelo
de palomas. Una ciudad sin fechas
presente en la piedra, y ligera
como los astros.

Y la feliz mirada que la conduce
con sus frutos que alcanza la música,
su dúctil melodía como gozo.

Con vuestras manos andáis
el pálpito de la vida, su duelo.
Ese árbol como acopio de humanidad
que se incorpora al viento y se mece.
Que también quiere ser astro
y asciende como un hombre y su destino.

Labios para ceñir el agua,
la piedra y su cauce, el río
que me obliga a vivir húmedo
en sus canciones antiguas.

Vosotros jugáis a su arrullo
de llamas luminosas y despertáis
su vientre, esa historia que tanto
padece del tiempo, que tanta tierra
ha transitado y es aurora, silencio.

Fake news

A través de una imagen seccionada.

Vuelve una y otra vez con sus heridas
imantadas de algún reclamo,
de una especie de olvido que huele a marejada
con sus pecios y galeones hundidos.

Intentando ser eso: pérdida.
Hundimiento en el calor del combate.

Como si todo existiera ya,
como si todo hubiera existido.
Sin espera.
Rodeado de cadáveres que son como flores
marchitas que piden auxilio.

Auxilio para qué.

Es un leve hilo que nos envuelve
y gira sobre sí y aprieta, pero corta.
Para no seguir.
Para no querer seguir.
Con la voluntad herida
por la traición de la existencia.

¿Cómo ahora ascender
si el plomo nos hunde?
¿Cómo ahora llorar
si ni las lágrimas nos consuelan?
¿Cómo ahora?

Ya es tarde.
Quizá siempre lo fue
y este imaginario siguió
un rumbo erróneo.

Todo fue *Fake news*.
Sin poder desandar,
sin poder rememorar,
sin poder olvidar.

Aquí siempre presente
mientras el hilo hace su trabajo
y secciona por donde más pecado había.

También yo Tiresias
junto al muro de los mares
queriendo que el agua me insinúe
su música, su agua dulce.

Pero los troncos siempre van a la deriva,
entre gente humilde ahogada,
entre gente que no soy yo
pero también soy yo.
Esperando llegar a Málaga,
pero Málaga ya no existe.
Está muerta por el agua.
Es una corriente que no cesa,
una sangre que no cesa.
Un palacio de truenos en el rebalaje.

Si al menos Penélope nos esperara.
O el agua que amanece entre las rocas.

Y siempre la soledad de tu mano,
el silencio de tu mano,
el lamento como una guadaña,
como un hilo que te va ahogando,
allende el monte que sombrea,
allende esa mujer que te mira
y es un pelo negro, un muro.

¿Cómo podré poner en orden esta muerte?
Solo esta tierra, solo este mar
podrán soportar tanto daño.

Dársenas del frío

Era el frío
el que bajaba las aceras.
Yo lo seguía desde lejos
igual que la palabra
a la hoja en blanco.

El frío construía
casas de citas, edificios,
y en el poniente dársenas.

Vibraba vigoroso
en los lagos dulces
y en los caminos plantaba
aromas de vencejos.

Desde los arrecifes
arrullaba sus cerúleas canciones,
sazonadas notas
de un banquete olvidado.

Poco a poco se hacía fuerte
y ya era todo un abismo,
una canción antigua
que empedraba los farallones:
la melodía de un corsario
que te va robando la voluntad.

En un descuido
miré sus ojos
y ya la vida se había vuelto
cieno e infamia.

La carne del verso

Y este poema es una esquirla
de carne macerada
que participó de un estilo:
de la costilla de la historia,
que es la madera de todos.

Su cuerpo es un príncipe
de palabras siempre detrás
de un amor, de alguna razón.

Sostiene la marea de la página
como un pirata el garfio
y te asesta tildes e interrogaciones
retóricas como si en un signo
cupiera toda la carne,
toda la eternidad.

El poema como envoltura
de un labio o gorjeo de la vida
que sin límites de velocidad
circula.

Si la carne revienta
debe ser que ha sido grande
el corazón de la palabra.

Este reloj que es un verso
nos mancha las horas
y nos sigue como un policía
por el silencio pulcro
del papel.

No tiene retraimiento
con la canalla que nos hiere
ni con la derrota.

Al fin y al cabo,
de qué puede recelar
si su palabra es el cauce,
es la vida hecha ser.

Hoy mi carne es mi verso,
también es mi presidio.

Un remoto jardín

Tampoco el fondo de los años guarda
un remoto jardín.
Jorge Luis Borges

I

Miraste al fondo de la tierra
para ver su sangre, si respiraba,
si la luz de esperanza o recuerdo
aún habitaba en ella.

Querías saber de sus colores,
de su pasado remoto, de las raíces
que habían sido rostros luminosos.

Miraste cómo zumba un trueno
con la densidad generosa
de la espera, como un hombre
buscando una jaculatoria, un axioma.

Sabías que aquel encuentro
conducía a un laberinto, al cielo
de otro tiempo, y también al ruido
del cuchillo sobre la garganta.

Una palabra con su miedo.
Una mirada que asume el limón
y su vana sombra, su tempestad.

II

Había un remoto jardín
y un niño con su lengua rubia
creciendo con el trigo, con su infinita
algarabía, con su plegaria.
Y ahora, en vano hemos llegado
a otro jardín incierto, a otro
recogimiento, con tropeles de nombres
que gritan en la oscuridad,
con sombras que gravitan su sombra.

EL RELOJ Y EL SER
Para Rafael Ballesteros

.

Infinito en la vida poco es. Quizá
el aire, la luz, la encina. Tal vez
la inclinación del mundo, puede que
el mar, Satie, el pujo de la savia.
RAFAEL BALLESTEROS.

La historia de la arena

Hay un agrado en observar la arcana
arena que resbala y que declina
y, a punto de caer, se arremolina
con una prisa que es del todo humana.
Jorge Luis Borges.

Hubo un tiempo en que el hombre
 sentía su mundo como unitario
y permanente.
Atado a la tierra y al cielo.
Tiempo como refugio,
y días que no acababan nunca.

Quizá en la infancia del mundo.

Tiempo detenido en el reloj de arena
sin querer ser destino o historia.
Solo arena que corre.
Y el espejo cambiando de arrugas
y sombras, con su mirada
que mide el flujo del río.

Siempre ahí, recordando
su discreta caída.
Sin detener su forma
que permuta una y otra vez
en memoria, en arena, en nada.

.

Los dispersos colores de la tarde

Sobrellevar nuestra porción de noche
o nuestra parte de mañana,
llenar nuestro vacío de alegría,
llenarlo de desdén.
Emily Dickinson.

Fue mi vida la que estaba
allí, mirándome de frente.
Y yo andaba perdido.

Acaso penumbras lentas
que ya no duelen. Calma
que se parece a la eternidad.

Un regreso al laberinto,
caminos que fueron ecos.

Un olvido y una memoria
que nos habla de perdón,
tedio y puertas abiertas.

Quizá el hombre con su fuego.
Quizá un héroe que acecha.
Quizá la clepsidra.

La nostalgia de un tesoro.
.

Inventario

Te traigo la noche herida.
El color de la nube pasajera.
La púrpura del atardecer.
Mi carne y su sombra.
Las noches tempestuosas.
Los vientos que al corazón
alegran con su brújula.
El canto del hombre
que ha de vivir mañana
y su precipicio de pájaro.
Un alma desnuda
en un universo sosegado.

HOMENAJE
Antonio Hernández en el corazón

I. Antonio con su furia y su corazón abierto

Antonio con su furia y su corazón abierto.
Ya lo vi con mis veinte años. Me traía su promoción
desheredada. A Claudio y Ángel, a Mariscal y Mantero y Brines,
a Biedma, también a Soto y Quiñones y Caballero.
Estaban allí de su mano, con la solemnidad
del afecto y el ruido de las formas, los problemas
del hombre, la dictadura, la agorafobia.
Un paisaje lento y doloroso en algunos casos
y naufragios que nos hablaban de un áspero
mundo y campos de batallas o campos santos
en Colliure. Eran poetas de lo inefable,
y llegaban allí, con palabras sobre palabra.
Con cabellos sombríos como una larga
y negra carcajada. Y miraban de frente.
Quizá anunciando el mensaje de un dulce paraíso,
con flores que advertían de una carne esquiva
por donde pasaban hombres oscuros
que enarbolaban la sangre.
Y el pueblo allí con la bota enorme del cacique
en un mundo donde no cabíamos.
Era un corazón casi de marzo, entelerido,
mientras trepábamos por la gramática
de los sueños. ¿Los había? ¿Había sueños?
Sí. Había nocturnos oleajes y cenizas votivas,
también palabras semejantes a manos
que trataban de congregar lo vivido,
los rastros de luz allá en la noche
en estas memorias de poco tiempo.

En ocasiones había una imposible luna
matinal que encendía las ascuas de lo inhóspito,
una tierra en las entrañas y en la boca,
como un sudario que nos advertía de las mordeduras
del tiempo, de las volutas del recuerdo,
de las mordeduras de lo negro.
Sí, mientras las horas muertas se hacían
tintas agraces, piadosos vértigos, vasos libérrimos.
La ignorancia, como una hoja perdida, o un libro
marchito en lo oscuro.
Todo eran pliegos de cordel, altas banderas,
himnos victoriosos que marcaban el paso
y el imposible oficio de escribir.
Biedma lo dijo bien. Había que continuar el mundo
con los senderos abiertos, prestos los versos
y el malestar furtivo, quizá buscando la primavera
en los tristes edificios, las estatuas manchadas
con lápiz de labios y el vulgar negocio de los hombres.
Eran años triunfales, donde media España ocupaba
España entera mientras pasaban figuras
mal vestidas y solitarias mujeres adiestradas.
Así el mundo: no leer, no sufrir, y vivir como
un noble arruinado entre las ruinas de nuestra inteligencia.
Era un mundo en horas bajas, con poetas rendidos
de cansancio que lanzaban sonetos a la aurora.

Pero allí estaba la juventud, la ardorosa juventud
en el cauce agraz de lo conmovedor eterno,
con sus salmos al viento, con su claridad,
con sus palabras encendidas brindando por el camino.
Allí estaba Antonio de Arcos con su corazón susurrando.
Decían que se podía vender el hombre
que había soldados como cisnes inconscientes.
Lo decía Cabañero, y llevaban fusiles
y hablaban de Dios sin rubor.
El aire sobre la tierra mostraba su piedad
y los trigos difundían su ruido de vida
y quizá el cielo, a veces, podía estar
pintado con tizas de colores. Sol a veces.
Son recuerdos que llegan turbios desde el más
allá, kilómetros de años y de trenes,
con su ola y su arena. Porque siempre
es así: el tiempo fugaz como un niño
por la sombra. Tiempo para querer ser,
para poder ser, estrella, patio, silencio.
Y las lámparas siempre ardiendo
en el verde de los campos más gloriosos
con aquel Cristo que era pobre y grave,
mientras recogíamos la aceituna
y Verlaine nos miraba de soslayo.
A veces, la inclinación del sol,
el cristal esmerilado ofrecía una distorsión
y las playas se hacían infinitas y el pueblo
era un extraño buque con sus caminos de olivos.

Allí estaba Antonio de Arcos con su corazón susurrando.
Había como un cansancio antiguo,
un cansancio solemne, brasas
que quizá ascendían por el cañón
y vacilaban moribundas bajo el frío.
Quizá naufragios. Sin duda naufragios.
Todo estaba lleno de naufragios
y signos vanos, sábanas fúnebres,
que anunciaban desvelos y máscaras.
Sombrío el ardor que se desvanece
en la memoria mientras rueda el tiempo,
quizá una ficción de la palabra.
Insistencia en Luzbel.
Fernando sabía que el mundo es inerme,
igual que las varillas de un paraguas.
Pero siempre anduvimos erguidos por el mundo,
sin turbarnos, enredándonos entre las cosas
perseguidos. Había como un gozo de andar,
un hombre nuevo, ajeno a la inocencia,
pensando que se merecía cualquier gramo
de felicidad.
Eran como dioses sin sombra, reyes de versos
que hacían girar el mundo, el bastión cerrado,
y se bañaban en la claridad del día llevando
como ley su canto, su palabra vestida de cuaresma,
un rito que llegaba desde antiguo porque al destino
hay que aceptarlo sin ira.

Seguro que había un cáliz profundo de inocencia,
sangre joven, resplandor de púrpura y el corazón
en las estrellas.
Ya decía Claudio que la claridad venía del Cielo,
con mayúscula, un don, y el día amanecía
y nosotros allí con nuestra sedienta claridad
reclamando todo tipo de oficios, esperando
que la ebriedad nos conmoviera con su alimento.
Y luego fue padrino de tu Miguel, con el que tanto
querías, el único que podía purificar con su bello
canto la belleza recién conquistada.
Claudio en el aire, convirtiéndose en ímpetu
de entrega, aunque fuera invierno y su gélido
aliento lamiera los páramos de desaliento.
Siempre estaba allí, Claudio, con su concierto
de espigas lanzando al Cielo su vuelo,
luminoso, con la esperanza como único ruido.
Es tan sencillo, da tanta alegría
ponerse al son una mañana hermosa.
Yo sabía que Antonio de Arcos me llevaría
a todos ellos, a sus alientos que ascendían,
a su amor perdido, a sus alianzas y sus condenas.
Y yo lo aceptaba porque sabía que el agua
abría todas las puertas y echaba las campanas al vuelo,
y ellos eran los poetas que celebraban las ventanas
abiertas y el blanco de la vida.

Eran las profecías del agua que el bueno de Sahagún
vendía con sus voces claras evitando los espacios
llenos de alambradas.
Así era su mundo, una enfebrecida tarde,
un mar que rompía contra las rocas y las vencía,
playas de arena, corazones de arena,
como la que ahora, querido Antonio, te contempla,
ahora que te vas y estás ahí con la bandera de Andalucía
sobre los hombros, cantando tu Cádiz,
como un capitán que inicia la andadura
que no ha de tornar.
Pero tus versos están ahí, en la cuna de un niño,
creciendo como la espuma en los labios,
como los padres que perdieron la guerra,
como la patria, ese pan tierno que nos acuna.
Era allí, el siete de septiembre, y cantábamos
todos tu palabra, como una sangre tierna,
como un desembarco salvador,
con la emoción de un nombre en el crepúsculo.

Y estaba aquel mar que cantó Vergés,
respirando en su gloria, bautizado por el destino,
aquel destino que nos condujo por las ventanas de vida,
acaso edificando nichos, quizá con la gresca del sol
y el trigo, como testigos de una época.
Y el mar de Cádiz dichoso, en un delirante
cerco feliz con jarcias, cabos, hombres y mujeres
que destripaban los campos y su lujuria.
¡Qué poderoso el corazón entonces,
qué ruido inmenso su furia, su palabra,
su lucha en danza del dichoso oleaje!
Es verdad que hubo momentos que la sala
estaba vacía y el corazón lloraba también vacío.
¡Cómo negarlo!
Pero siempre hallaste la palabra en tus ojos,
el paisaje en tus ojos, el mundo en tus ojos,
estuviera entero o cercenado,
un mundo para respirar y ser la conjuración
del tiempo con su herida.

II. Solo tengo palabras para evocarte

Solo tengo palabras para evocarte,
querido Antonio.
Palabras y algún relato que llega
con tu Sagrada Forma, en ese vagón
donde tu cárcel vaga cerca
y ella duerme su sueño dulce.
Entonces piensas y escribes, la mecánica
del hombre que garabatea y se pregunta,
que alto esculpe su destino
y busca el amor que todo lo explica,
el amor que todo lo enciende.
Era una tierna juventud de llantos
y besos, un pueblo que se perdía
en la lejanía pero siempre estaba
allí mirándote, contemplando
que hubo tragedias y pecados,
y alambradas.
Pero tú estabas allí de pie,
caminando, con la juventud como fragancia,
con la juventud como una espada, y luego
los hijos y la quimera y los sueños.
Había mucho que agradecer a ese amor
que ahora duerme, que hace del paraíso
una profesión, una memoria,
quizá una melancolía, mas sin renunciar
a unos años que no fueron felices
pero en los que anidaba la esperanza.

Y perseveraste, y renunciaste a la tristeza,
dejaste sus harapos lejos,
en el reino del olvido,
y con los años nació la claridad,
los sueños de siempre, tan calcados
en el corazón, tan sumisos y pródigos.
Yo sé, querido Antonio, que había un fuego
en tu mundo, una luminaria que reverdecía,
y aunque apátrida, hubo un paraíso cercano,
a pesar de la muerte contigua,
aquella que tanto nos miraba con desenfreno.
Ahora ya sabes que se abre un nuevo día,
y el hombre crece en su pasión,
y siempre hay una canción de fondo
que poder cantar para que el misterio
se desperece y tiemble.

.

III. Tenemos que hablar seriamente, Antonio

Tenemos que hablar seriamente, Antonio,
de la poesía total, de la poesía que enhebra
los géneros y los culmina, del subconsciente,
del surrealismo que mana en la fuente Grande,
donde Luis y Federico fueron tus amigos.
La palabra como la lluvia, lente de agua
para restañar la herida,
 como si un domingo se entreabriera
y la memoria cuarteara su puerta
y levantara el pecho profundo,
el territorio de lo innombrado.
Hay momentos en que la poesía
es la máscara que nos descubre,
que el poeta lleva una herida como
un pesado zurrón en la espalda,
pero siempre habrá versos que coser,
formas que acicalar y el ruido de su canto,
el alma contemplándose hirsuta.
Quizá como el que se despierta de un sueño
y grita Heine, Hölderlin, Eliot,
y no duda si nuestras vanidades nos vencen.
Siempre meciendo el misterio y la muerte
en esa enfermería del desdén.

Yo sé que investigaste en el color de los sueños.
Yo sé que la soledad llevaba en los ojos
la esperanza del náufrago.
Yo sé que había tres heridas juntas.
Con tres heridas siempre yo.
Y también sé que desertaste de la muerte,
ahora que tanto te acoge,
que hubo un destierro al salir de casa,
que quizás eras contradictorio y luminoso,
pero que llevabas como un imperdible
la tinta de la escritura en la sangre.
Hoy te rememoro desde el afecto
que sabes que siempre creció con los años
como un vino impetuoso
donde la lealtad escribió un gran soneto.
Y quiero reunirme en un gran abrazo,
un abrazo como un río, como una llamarada
que ascienda por los callejones de la vida
y se reúna en el corazón, en la fantasía,
como un excelso vuelo de celebración.

.

GAZA TAMBIÉN EXISTE

I. Ahora existe la costumbre de matar niños

Ahora existe la costumbre de matar niños.
Son niños que apenas levantan un palmo,
niños que suelen mirar al cielo
para ver los destellos, pero son bombas.
Luego quedan sus cuerpos cercenados,
o con las extremidades amputadas,
incluso algunos puede que sobrevivan
sin alimento y se mueran más tarde
soñando que podrían haber muerto antes.
Son niños que nacieron para la muerte,
con mucha metralla que llevarse al cuerpo
y muy poco pan que llevarse a la boca.
Lo han decidido otros, dirigen el mundo,
miran por encima del hombro
y se sienten tocados por el halo divino.
Pero estos niños van muriendo uno a uno
sin apenas hacer ruido,
porque el cuerpo de un niño cuando cae
a tierra apenas si levanta el polvo.
Es como un leve susurro, una leve brisa
de alegría que de pronto ya no es para siempre.
Así lo han decidido los hombres poderosos,
hombres con corbata que visten elegantemente
sus cañones y matan con una absoluta
templanza porque la muerte no necesita
reparo alguno, ni siquiera desconsuelo alguno,
ni recato alguno, ni reacción alguna.

Y esos niños que lloran porque tienen hambre
quizá también lloran porque quieren morir
como otros, porque no han muerto todavía.
¿Por qué no los matan pronto
ustedes que pueden, ustedes que tienen armas
poderosas y misiles tierra-aire?
Pueden hacerlo rápido y así les ahorran la angustia.

.

II. Quiero buscar la palabra entre los escombros

Quiero buscar la palabra entre los escombros,
querido poeta Nasser Rabah,
ser por un momento tú, en la soledad del frío,
en la búsqueda del alimento, en el miedo
a que quizá en cualquier momento
todo salte por los aires.
Quiero ser ahora el otro, pero yo aquí
delante del ordenador me pregunto
si alguna vez esto será posible.
Quiero decir si sabré andar si me falta
una pierna. Si sabré comer si me han amputado
los dos brazos. Si sabré ser humano cuando
he visto tanto sufrimiento, tanto dolor, tanto odio.
Seguro que llega un momento que ya no sientes
nada, no puedes sentir nada porque cualquier
sentimiento se ha esfumado con el último aliento.
Seguro que ya no hay corazón porque está asfixiado,
Nasser Rabah, porque las palabras han ardido,
y los pájaros hace tiempo que se marcharon.
Y cada día limpiamos los escombros,
pero los escombros crecen una y otra vez
como una mala yerba.
Y ya no hay libros, ni hospitales, ni mercados.
Y ya no hay ni una palabra de dolor que llevarse
a los labios porque todas fenecieron hace tiempo.
Y sé que fue entonces cuando entrenamos nuestros ojos
para que naden en sangre,
para que no se mojen.

Todo acaba siendo una enorme herida
que va avanzando por la carretera de la costa
sin rumbo fijo, una herida que camina,
una herida profunda ya sin lágrimas porque
han desaparecido todas.
Una herida a punto de desbordar los cauces
y ser una ceniza que tiembla y huye y se evapora.

.

III. El temblor de las candilejas y el ruido de las ametralladoras

El temblor de las candilejas y el ruido de las ametralladoras.

Nocturnas horas donde el latir de las venas
dejó de ser un milagro y los misiles planeaban
como carroñeras aves.

Vagaba la tenue claridad de la muerte el cielo.
Apenas imperceptible, y luego, la turbación
y la oscuridad, y el silencio, absorto,
gritando su venganza de pecina, su rencor.

Había niños en los herbazales, con sus juguetes
sucios, con su escarcha vacía,
 con las uñas obscenas y el sepulcro de pavor,
desmesurado el ruido, penumbras con perfiles
de cipreses que se levantaban raudos con el viento.

En una impúdica noche con arpas que sucumbían
a su breviario elegíaco,
con estrellas nerviosas que escondían
su rostro, con huertos abiertos
al abismo de los cadáveres
que se hacinaban como ríos,
como tormentas en sombra,
yermos, abruptos, campos de cielo lóbrego.

Niños con una pequeña vela alumbrando
el futuro y vanos corazones
impulsando no se sabe qué,
más odio certero, más desesperanza,
más mujeres en el precipicio callado,
en la cima del mundo.

¡Había tantas penas que amasar
con el pan de las devanaderas malignas
que acosaban tu refugio!

Había tanta arcilla en los ojos,
tanto yunque a punto de quebrar tu mundo.

Nadie miró tu corazón, mujer.
Y todos levantaron su mano inflamada.
Encerrados con ojos doloridos,
llagas que gimen después de la tormenta.

Sin poder dormir, sin poder soñar,
sin poder ser niños pequeños
en la oscuridad del bosque,
agarrando de la mano el cálido aroma
del pan, su savia, su madrugada.

¡Qué extravío vamos a construir
con esta molicie, con esta alma en vilo,
biliosa, que solo encuentra pesar en las palabras,
que solo conoce sus huecos, su podredura!

¡Qué miedo vamos a construir
entonces, qué derramada turbiedad,
qué eclipse, qué gargantas horadadas
por el ruido de las bombas!

Luego la angustia, la grasienta y arrasada
por el óxido del silencio,
por los mendigos que surcan los campos,
que andan extraviados en un refugio
de angustia, de miseria, y perros que ladran
asustados en la noche.

Largo y fatigoso el camino que nos interroga,
verdugos desnudos que gritan
y gabinetes que calculan los blancos
con perfecta aquiescencia.
Allí los objetivos, allí la humanidad
con su insomnio, que tenaz y sabiamente
aplastaba las sienes,
las rosas de la vida,
la luz, su lloro de golondrina,
su alma, volando siempre en el silencio,
como estrellas vagabundas.

ESTA BLANCA AUSENCIA

Esta blanca ausencia

Mírame diminuto
e inasible sobre esta ausencia
en la esquina de los mares,
irresistible a los lamentos de un corazón,
viendo que toda la primavera
se ha precipitado en el limbo
de todas las distancias.

Mi cuerpo es frágil
tanto como ese espacio
que como un coraza
me ahorma la escritura
y no me deja hundir
mi cuchillo en tus doctas
razones de carne.

Distante en un verso
quiero perderme en ti
pero me lo impiden
tus puntos y aparte,
tus guiones de frío,
tus razones de noviembre.

Sobre esta blanca página,
sobre esta ausencia
tendida en mi memoria
construyo razones
que no dañan mi cuerpo
pero dejan el alma
asida a un alambre de espino.

Siénteme diminuto y limitado,
herido en tu olor a amapola,
solitario en el papel,
perdido en la cuartilla de los signos.

Poética

Hoy me pides una palabra,
unos cuantos sonidos
que puedan encerrar el paisaje,
la deriva de tus ojos
o las noches de zozobra.

Me pides una palabra
que recoja como un útero
el discurrir de la vida,
el tortuoso impulso
del espacio o el devenir
de una estrella fugaz.

Pretendes que use metáforas
y sinécdoques, asociaciones
de imágenes, sinónimos,
con la perfección de lo perdurable.

Quieres que del oficio
haga un alminar de coincidencias
en esta solazada página en blanco.

Pero yo me resisto a creer
que el dolor del alma
quepa en esta razón fonética,
en esta cascada de voz
que va y viene por el pensamiento.

Sonata

A Campillo de Arenas,
donde la luz me hizo humano.

Todos los días eran verano,
ciudad de altas cumbres
donde cualquier jadeo
va arrastrando una canción
en las noches de siega y calma.

Tú viajabas por la ebriedad
de las paredes de luz,
el ruido de caricias
que como dorada lluvia
corrían por el rostro.

Avivabas la pira
de tu infantil audacia
y el campo te empapaba
de almendros y olivos
que amanecían
por los campos sin límite.

Eran de tu mirada los dioses,
espacios infinitos en el asombro
de unos ojos vivaces
que conquistaban la historia.

Con sus baratijas iban los feriantes,
las pieles colgadas al cinto,
y las radios lloraban comunicados
militares porque Campillo perdió la guerra.

Lejos en que un abuelo
había vuelto viejo del frente
y la abuela perdió a sus dos hijos,
lejos ya de la quema de santos
y de los odios domésticos.

Tú ibas desde la fuente
hasta la alameda que circunda
el río con las aceitunas
de la esperanza en los ojos.

Campillo en la mirada
de todos los veranos,
mirada rubia de las mieses,
mirada del grano y la trilla,
mirada que fue un regalo
de la existencia.

Tiene tu regazo
vastas narraciones de olmos
y caminos que reptan
entre la montaña y puestas de sol
donde los dioses brillan
y los arreboles conducen
en sus caballitos trotamundos.

Eran días tan largos como un océano
o todo un continente.

La felicidad tenía entonces
un hueco y las calles eran
el laberinto de nuestras andanzas
mientras sonaban himnos
militares de fondo.

Campillo amado,
qué bien te sienta la ermita
y la plaza y esa iglesia de piedra
que ha visto tanta vida y tanta muerte.

Qué bien te sienta, Campillo,
la era y el molino de aceituna
donde el verde es áureo.

Toda tú estás hecha de carne
y rezos, palabras que se van
desviviendo en las tabernas,
en las sacristías o en los campos en flor.

Tu fuego es alto y subterráneo,
una hoguera por la que circula
todo nuestro pasado,
una calzada de sentimientos
que son el fluir del aceite
que en las venas hace ríos
y calles y montañas.

Hoy te veo y me veo
como un cuerpo puro,
un camino con dos ríos
que van jugando,
mientras se cruzan nuestras
miradas siempre diligentes.

Acordeón de olvidos

Pasa mi historia
despacio, y dolorosamente la contemplo,
igual que un niño que en la corriente
deja un barquito de papel.

Me asomo a sus jarcias,
a su quilla, a las lonas
que cubrieron con su cuerpo
todos los mares.

Estoy abierto frente a mí
y siento que el barco me observa
como a un extraño,
un viejo marinero de un océano
que ya no me conoce.

Cada vez más confuso,
mis ojos ya no se asombran
ni se hipnotizan.

Todo lo que fui ha marchitado
hace tiempo, fugitivo
entre las nubes lacerantes
de las espectros.

¡Qué tendrá la vida
que nos adula, nos acorrala,
envueltos nos expide
en un papel de ofrendas
los desperdicios de una mala noche,
la mirada que anegó todos los mares!

El abismo es una palabra
fiera y sorda que edifica
la luz y la hace piedra
o sonámbula de nuestras sombras,
quizá el rostro oculto
que un día nos alumbró.

Ya nada ven estos ojos turbados:
un barco a la deriva,
alguna nota de un acordeón antiguo
en el silente muelle de poniente.

No me conocía

No me conocía
y estaba sólo en medio de la cumbre.

El mundo puede ser redondo
y plácido como una pelota
que juega en la mente de un niño,
una mañana de mar adentro,
un álgido despertar en el cenit.

El mundo puede ser una taberna
de beodos que toman el aperitivo
a las dos en romántico jolgorio.

Puede ser el mundo una carne
que lava la paciencia en otra carne.

Acaso un río de leche
en los desvanes de la memoria.

Es el mundo y no es,
pero en la cumbre del mundo
sólo ves tu soledad,
tu silencio que rumia en el valle
el escalofrío de su desdén
grande y poderoso.

Yo no me conocía
y estaba solo en medio de la cumbre,
pastor de mí, un túnel
en el concierto de las estrellas.

Amarrado a las palabras
como a la aurora.
Preso de la carne, ávido de ser.

La ciudad es un hombre

La ciudad es un hombre
que se mece en un sueño,
arrullado por las caricias
de la lujuria o el canto
contumaz de las oraciones.

Quizá un hombre ronco
que no ha descorrido
el plazo de su cuenta corriente,
esa niebla que ahueca
nuestro cansado caminar.

Un hombre bajo y oscuro
que no conoce el tañido de las estrellas,
un hombre que rumia,
maniatado a todos los noráis
de la vida.

Quizá un hombre sea una ciudad
o un puerto donde los estibadores
descargan las quimeras,
o un lenocinio donde las palabras
se visten y desvisten al mejor
postor mientras se desnuda el cuerpo.

La ciudad es un hombre,
lo sé. Me lo dice su frente abatida,
el agreste rugido de su corazón
o algún coche que huye
de un crimen por la autopista del Oeste.

Ora fugit

Y ahora hablemos del viento obstinado
que rumiaba tus senos,
del tiempo que como un ave de paso
rozó tu luz lejana,
de la desesperanza de la noche
que ha conquistado rauda
los límites de una tardía espera.

Hablemos del amor que expira en paños
menores como triste
ceniza que se derrama y deserta
de los campos cerrados.

Prisión es lo que rebelan tus besos
o légamo velado,
el postre de las caricias ferrosas
de la desganada muerte.

Huye la blancura que anudó
nuestros cuerpos lejanos
al ritmo mortecino de la vida.

Lo que tocamos huye
como una embestida de la costumbre.

Recuerdos lentos somos
de una película subtitulada
cuyos protagonistas
lamieron la gloria un incierto instante.
Monedas de negocio
de un paisaje otoñal que fenece.
Sonrisas de ataúd
que reclaman nuestros harapientos
labios, o una última postdata
que diga lo que una mañana fuimos
al bebernos la vida.

Crepúsculo de los dioses

Vengan los ojos de la infancia,
los caballitos de los sueños.

Vengan corriendo las mañanas
de oro y siega en las eras,
fanales que descubrían los campos,
sensitivos móviles del futuro.

Porque a la vida hay que darle
argumentos para que viva,
un lápiz y un papel
en el que garabateemos
los rumbos inciertos de nuestro buque,
las acequias de nuestra sangre,
el amor, gato de mis días,
al que siempre mimo y me mima.

Vengan las estatuas doradas del destino,
inunden los caminos secos,
abreven los tormentos en la ruta
de los sueños: la soledad.

Se vive de espejismos y truhanes,
también de actores secundarios
que engordan el drama de acotaciones,
pequeñas felonías
que son como paréntesis
de una película perpetua
en la que siempre hay alguien a quien amar.

Porque eso es vivir, asomarse
al farallón y esperar que alguien
pueda empujarte por la espalda
al vacío de los caminos,
al primer aliento de vida,
al beso original
que encendió la mecha de la fábula.

Las palabras

Lugar de creación, donde todas
las palabras se daban cita
como traídas por el murmullo
de las olas y el vendaval.

Allí estaban todas reunidas
en aquella biblioteca
donde se habían detenido las horas
y entre ellas jugaban a crear
endecasílabos o pentasílabos como
Dios con su esfera.

Había siempre un aliento
que las envolvía,
una especie de ternura en sus manos,
como un anillo de luz
que las llevaba y las traía
por la inmaculada espera del papel,
y después saltaban gozosas
para dar un pensamiento,
para ofrecer una sonrisa,
para besar el silencio
que imantaba la tarde.

CUADERNOS DE LA MEMORIA

J'ai vu des cieux éclatants de feux,
et des éclairs, et des marées;
et j'ai vu ce que l'homme a cru voir.
ARTHUR RIMBAUD.

Passa la nave mia colma d'oblio
per aspro mare, a lauro e non a porto,
e 'infragiĥ legno.
PETRARCA.

El agua canta su canto
en la ronda del sendero.
Llora el arroyo escondido
entre la sombra del tiempo.
GABRIELA MISTRAL.

Necesito el mar porque me enseña: no
sé si aprendo música o conciencia.
PABLO NERUDA.

Bajo el verdor que el río fiel sustenta

El agua deja caer sus memorias.
El agua que observamos ya nos es agua
es tiempo que se mide en despedidas.
JORGE LUIS BORGES.

Bajo el verdor que el río fiel sustenta,
cantan las hojas su canción serena,
y el aire, dulce, en la ribera suena,
que al joven alma en su vivir alienta.

Despierta el sol, y su calor aumenta
la vida en cada flor que se encadena,
brotando luz que al corazón resuena
y en júbilo su fuerza representa.

De vida nueva todo aquí se viste,
y el agua, clara, corre sin tristeza,
llevando al tiempo un gozo que persiste.

¡Oh, dulce instante! Naturaleza,
espejo fiel del alma que resiste
y abraza el mundo en plena fortaleza.

El mar, doliente bajo un cielo herido

El mar, doliente bajo un cielo herido,
derrama su lamento en las arenas,
un corazón de sal, entre cadenas,
late en su pecho azul y desvalido.

Sus olas, con un ritmo distraído,
son labios que murmuran largas penas,
y en la espuma que danza, las sirenas
tejen sus cantos de un amor perdido.

Llora la luna, blanca, en su reflejo,
y el viento, cruel amante, le desgarra
el velo de su calma, azul espejo.

Pero en su furia, cuando el trueno ladra,
el mar desnuda el fuego de su pecho
y grita libertad con voz bizarra.

Junto al verdor que el bosque engrandece

Junto al verdor que el bosque engrandece,
el niño se detiene, extasiado;
la fronda, con su canto delicado,
su pecho de alegría lo estremece.

El río entre susurros le ofrece
un verso en su corriente sosegado,
y el ave, por el aire trasladado,
la dicha de la vida le enaltece.

Siente en su alma un fuego que ilumina,
un pulso en armonía con el suelo,
la gloria de existir pura y divina.

En ese instante, alcanza en pleno vuelo
la cumbre de la dicha cristalina,
y el mundo es un abrazo hecho de cielo.

En la arena dorada de la vida

En la arena dorada de la vida,
un niño juega al tiempo con su esfera;
la mano tiembla, y rueda en la madera
el mundo entero en lucha distraída.

Sus ojos, dos espejos sin medida,
siguen la danza lenta y pasajera;
la bola gira, sueña, desespera,
y el azar dicta su verdad perdida.

¿Es juego o es destino lo que clama?
¿Quién mueve el aire, quién el árbol mueve
en cada temblor leve de su rama?

El niño ríe, y el abismo clama.
La vida es juego; fugaz aguanieve
que el viento instiga y promueve.

En tus entrañas, firme, hallé mi suelo

En tus entrañas, firme, hallé mi suelo,
dureza noble que sostiene el paso,
templanza pura en tu dorado abrazo,
monotonía eterna, fiel anhelo.

Tus surcos guardan sangre y dulce duelo,
raíces hondas que en tu amor enlazo;
bajo tu piel, el tiempo deja un rastro,
y en ti renace el hombre, flor del cielo.

Amas callada, sin alarde o gloria,
das vida al que te hiere con su prisa,
y al que te honra, entregas tu memoria.

Fortaleza es tu ley, madre sumisa,
que en tu áspera piel guardas la historia
y al polvo vuelves con eterna brisa.

De golpe la penumbra se despliega

De golpe la penumbra se despliega,
un filo gris recorre su costado,
el niño, en soledad, ha contemplado
la muerte, y su raíz de niebla riega.

¿Quién duerme bajo el sueño que no entrega
retorno ni razón? ¿Qué cruel tejado
ampara el apagón? ¿Quién ha dictado
que un cuerpo se derrumbe y no se niega?

Sus manos tiemblan, buscan lo que falta,
y hallan el hueco inmenso, la quebrada,
el nombre que ya nunca responderá.

El miedo crece, el pecho se le exalta;
niños los ojos, sombra desbordada:
por vez primera sabe qué es llorar.

Del alba clara, aliento desprendido

Del alba clara, aliento desprendido,
espíritu que canta y va en su anhelo,
luz sin raíces, dueño del desvelo,
silencio que da vida y no es oído.

Cántaro humilde, vuelo contenido,
que abraza al mundo con radiante celo,
invisible pastor de azul consuelo,
suave soplo que en todo es bienvenido.

Eres placer que toca y no se aferra,
ancha de luz, suspiro de lo eterno,
luz y sombra en el pecho de la tierra.

Tu esencia humilde, luminosa y tierna,
nos lleva al cielo, en su camino interno,
y al alma alzas, alada voz que gobierna.

Dulce claridad, magia azul del día

Dulce claridad, magia azul del día,
rostro fúlgido, luz que no se apaga,
cántico leve que en el cielo vaga,
consuelo eterno, pluma de armonía.

Ángel intrépido que en su travesía
sostiene notas donde el cielo halaga,
suspiro luminoso que se embriaga
de la esencia inmortal de la poesía.

Tu azul abrazo al mundo lo perfuma,
y en cada hoja, en cada flor que roza,
lleva un latir de eternidad que acuna.

Aire, sereno amante que reposa,
eterno espejo donde el alma asuma
que respira la más ardiente luna.

CODA

No quiero dejar cenizas

No quiero dejar cenizas
cuando me vaya,
sino tierra sosegada,
cuerpo caliente que da quietud
a la mirada del hombre.

No quiero que los ríos apresuren
su curso con las palabras
o que la sangre orille cadáveres.

No quiero ir hacia el mar
con la nostalgia del crápula.

No quiero ese cuerpo ausente
que llora indemne al ruido del mundo,
a su bondad, a su belleza estelar.

Es mi piedad con el mundo,
mi magnificencia con todo el que vendrá,
mi último gesto solidario.

Mis manos lo saben y te abrazan
reveladoras de que todo fue una fábula.

Mágico sueño que germina un día
y el amor lo conduce por la tierra
y lo hace singularmente eterno,
singularmente humano.

Es así de fácil:
la tierra, su fruto y el amor de un alma
que florece, que va ligera por la vida,
que la conduce el viento y las tempestades;
y es, al fin, fértil valle que atesora
el tesoro de vivir.

Si de una masa de polvo
somos notas de música,
también lo somos del velo de la tarde,
de su oro, de su sueño tenaz.

Y perfilamos la palabra,
perfilamos la penumbra
para que su sombra no nos ahogue,
y seguimos las marcas del camino,
su paradoja, su fatigosa carrera,
a veces hacia la fatalidad, en ocasiones
hacia el viento agrio de la noche.

Pero el corazón acaba por entender
que la vida no precisa de palabras,
que la vida está en el espíritu que amaina
y grita su ventura, en la suavidad de la belleza
y en las alas serenas.

Todo es nítido, hasta el temblor
de una lágrima.

Todo es lluvia continua,
luz en sombra,
sombra en luz.

Agua firme, perseverancia,
temblor efímero, tarde
que huele a jazmín y espuma.
Alba desnuda hacia la claridad.

Más desnuda

Hoy parece la tierra más desnuda,
más abandonada a su suerte,
como si un arado la hubiera abierto
y arrojado contra el caballo de la soledad.

Puede que hasta alguien
hable sobre ella y le dé ánimos,
le diga qué bien te cae
esa flor que portas,
el carmín de los labios,
la blusa de seda.
Incluso puede hasta sonreír.
¡Quién lo sabrá!

Pero hoy parece más desnuda,
algo descuidada,
como si no quisiera ir a la oficina,
quizá oculta en un rincón del paisaje.

Parece tan débil,
tan frágil a las inclemencias del tiempo.

Ha adelgazado su espíritu
tanto que ya los brazos
se le caen al suelo en desbandada,
no tiene hojas
ni le crece alrededor la hierba.

Me llena de acíbar
esta tierra abandonada a su suerte,
estos cercos de llanto,
este espacio
en donde no se puede escribir
ni siquiera una posdata.

ÍNDICE

Número 9 de la
Colección TANIA Poesía
bajo el cuidado de
Isabel Romero
directora de la colección.
Se acabó de imprimir en Málaga,
en el mes de noviembre del año 2025,
bajo el sello editorial de **Anáfora**.